Aventuras de viaje

Los Everglades

Suma hasta 100

Dona Herweck Rice

Asesora

Lorrie McConnell, M.A.
Especialista de capacitación profesional TK–12
Moreno Valley USD, CA

Créditos de publicación

Rachelle Cracchiolo, M.S.Ed., *Editora comercial*
Conni Medina, M.A.Ed., *Gerente editorial*
Dona Herweck Rice, *Realizadora de la serie*
Emily R. Smith, M.A.Ed., *Realizadora de la serie*
Diana Kenney, M.A.Ed., NBCT, *Directora de contenido*
June Kikuchi, *Directora de contenido*
Caroline Gasca, M.S.Ed., *Editora superior*
Stacy Monsman, M.A., *Editora*
Michelle Jovin, M.A., *Editora asociada*
Sam Morales, M.A., *Editor asociado*
Fabiola Sepulveda, *Diseñadora gráfica*
Jill Malcolm, *Diseñadora gráfica básica*

Créditos de imágenes: págs.6, 7 Jim Feng/iStock; pág.12, izquierda NPS Photo/
Alamy; pág.16 Kenneth Wiedemann/iStock; pág.17 View Apart/Shutterstock;
pág.19, superior Nicole Duplaix/Getty Images; pág.20 Terry J Alcorn/iStock;
págs.22, 23 Inga Spence/Alamy; pág23 Rudy Umans/Shutterstock; pág.24,
derecha RosaIreneBetancourt 3/Alamy; todas las demás imágenes de iStock y/o
Shutterstock.

Library of Congress Cataloging-in-Publication Data

Names: Rice, Dona, author.
Title: Aventuras de viaje. Los Everglades : suma hasta 100 / Dona Herweck
  Rice.
Other titles: Travel adventures. The Everglades. Spanish
Description: Huntington Beach : Teacher Created Materials, 2018. | Includes
  index. |
Identifiers: LCCN 2018007598 (print) | LCCN 2018009585 (ebook) | ISBN
  9781425823269 (ebook) | ISBN 9781425828646 (pbk.)
Subjects: LCSH: Everglades National Park (Fla.)--Juvenile literature.
Classification: LCC F317.E9 (ebook) | LCC F317.E9 R5318 2018 (print) | DDC
  975.9/39--dc23
LC record available at https://lccn.loc.gov/2018007598

Teacher Created Materials

5301 Oceanus Drive
Huntington Beach, CA 92649-1030
www.tcmpub.com

ISBN 978-1-4258-2864-6

© 2019 Teacher Created Materials, Inc.
Printed in China
Nordica.072018.CA21800713

Contenido

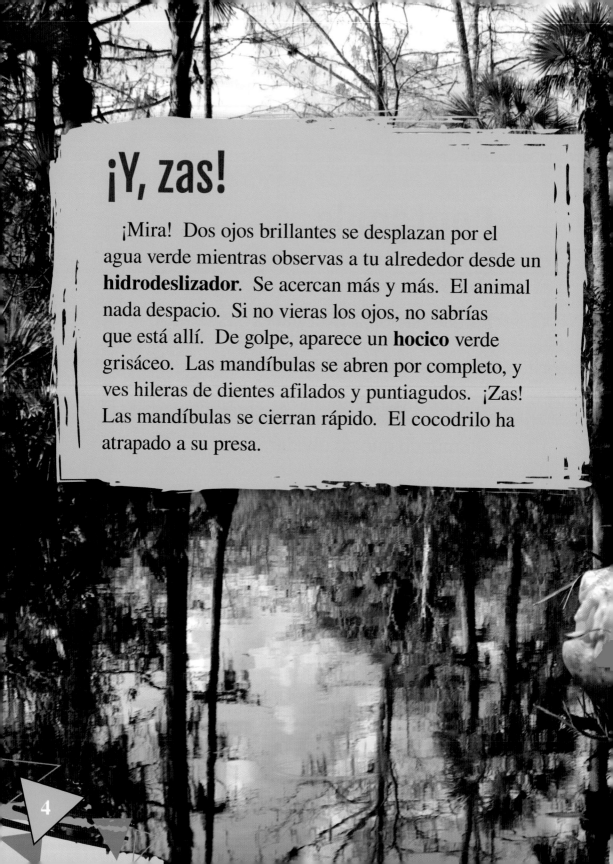

¡Y, zas!

¡Mira! Dos ojos brillantes se desplazan por el agua verde mientras observas a tu alrededor desde un **hidrodeslizador**. Se acercan más y más. El animal nada despacio. Si no vieras los ojos, no sabrías que está allí. De golpe, aparece un **hocico** verde grisáceo. Las mandíbulas se abren por completo, y ves hileras de dientes afilados y puntiagudos. ¡Zas! Las mandíbulas se cierran rápido. El cocodrilo ha atrapado a su presa.

Parque nacional Everglades

Aquí en el parque nacional Everglades, los cocodrilos vagan libres. Este es su hogar. También es el hogar de muchos otros tipos de animales. Aves y peces viven aquí. Los **mamíferos** juegan, los **reptiles** toman sol. También vienen personas. Vienen a ver la **fauna**. Vienen a ver el lugar al que los animales llaman hogar.

Un hombre navega en una canoa por los Everglades.

Dre y su familia fueron de vacaciones a los Everglades. La tabla muestra los animales que Dre vio en su viaje.

Animal	Total
cocodrilo	1
rana	7
tántalo americano	6
libélula	11
rata almizclera	2

1. ¿Cuántos tántalos americanos y libélulas vio Dre?

2. ¿Cuántas ratas almizcleras, ranas y cocodrilos vio Dre?

3. ¿Cuántos animales vio Dre?

tántalo americano

Maravilloso humedal

El parque nacional Everglades está en la parte sur de
Florida. Es muy especial. Las personas querían **conservar**
los Everglades. Así que los hicieron parque nacional.

¡El parque es enorme! Sería difícil ver todo en un
día. ¡El parque tiene más de 2,000 millas cuadradas
(5,200 kilómetros cuadrados) de tierra y agua! Muchas
de esas millas son húmedas. Se debe a que el parque es
un humedal.

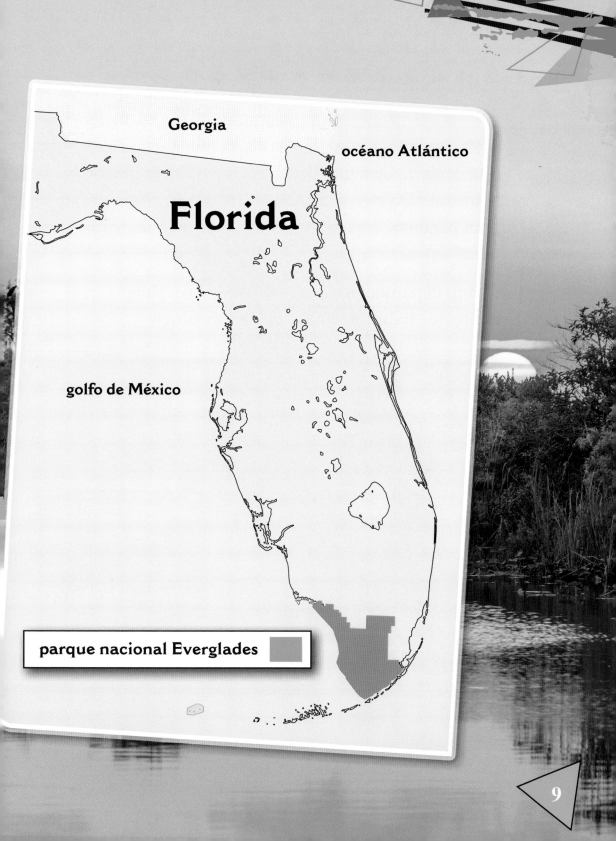

Georgia

océano Atlántico

Florida

golfo de México

parque nacional Everglades

Un humedal es un área de tierra que a menudo está cubierta de agua. Los pantanos son un tipo de humedal. De cierta manera, el parque es como un gran pantano. Las personas recorren en bote o a pie el terreno inundado.

Pero el parque no es solo un pantano. Tiene diferentes **hábitats**. Cada hábitat es **único**.

área pantanosa de los Everglades

Hábitats

Hay muchos hábitats en el parque. Pueden estar cubiertos de pasto o de árboles. Pueden estar bajo el agua o apenas sobre el agua. Pueden tener animales terrestres o acuáticos. ¡Pueden tener ambos!

Dos hábitats en el parque necesitan del fuego para **desarrollarse**. Los fuegos de pradera queman el pasto para que pueda llegar el agua y hacer que crezca pasto nuevo. En los pinares, el fuego quema las plantas que invaden a los pinos.

fuego de pradera

hábitat del pinar

hábitat del ciprés de pantano

13

Lluvia

Todos los hábitats tienen una cosa en común: reciben mucha lluvia. ¡El parque recibe cerca de 60 pulgadas (150 centímetros) de lluvia por año! La lluvia mantiene los humedales húmedos por más de la mitad de ese tiempo. A estos meses se les conoce como la estación húmeda. El resto del año es la estación seca. Esos meses reciben muy poca lluvia.

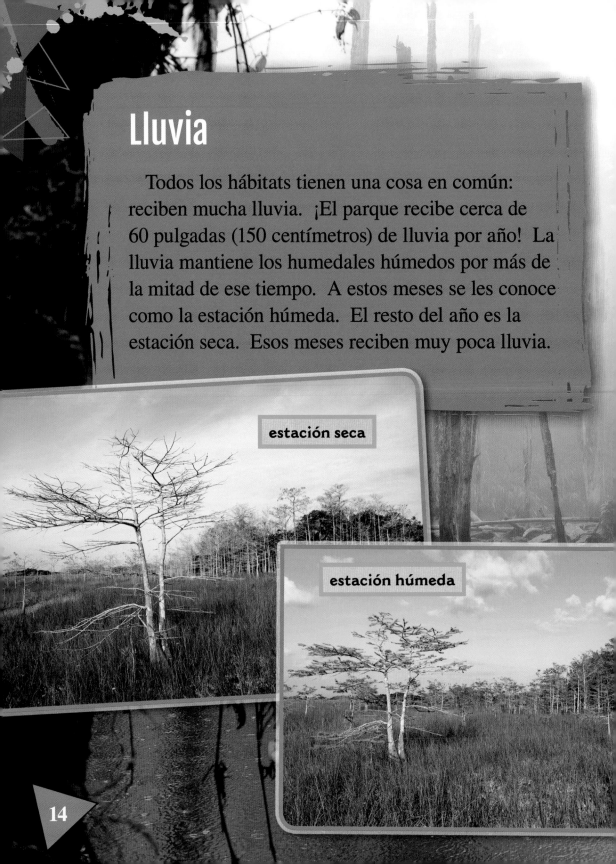

estación seca

estación húmeda

Esta tabla muestra la lluvia normal en los Everglades. Usa la tabla para responder las preguntas.

Mes	Lluvia (in)
Mayo	6
Junio	9
Julio	7
Agosto	8
Septiembre	9
Octubre	6
Noviembre	

1. ¿Cuántas pulgadas llovió en mayo y junio?

2. ¿Cuántas pulgadas llovió en agosto, septiembre y octubre?

3. Si hubiera 47 pulgadas de lluvia durante los meses que se muestran en la tabla, ¿cuántas pulgadas habría llovido en noviembre?

Paseos en hidrodeslizador

¿Quieres visitar los Everglades? Una forma genial de ver el parque es en un hidrodeslizador. Un guía te llevará por los **canales**. El guía te hablará sobre los animales y plantas que verás. Podrías encontrarte algunos cocodrilos. ¡Pero todo lo verás desde un lugar seguro en el bote!

Estos grupos de visitantes recorren los Everglades en hidrodeslizador.

Durante el paseo

Un paseo en hidrodeslizador te permite acercarte a la fauna de los Everglades. Los delfines juegan en el agua. Los manatíes mastican pasto marino. Los gatos monteses pasan cerca. Los mosquitos zumban. Las ranas y los sapos croan y se llaman entre sí.

Es probable que no veas todos estos animales en un solo paseo. Sin embargo, ¡es divertido saber que están cerca!

gato montés

rana arborícola

delfín nariz de botella

manatí

19

Estos grupos recorren los Everglades en canoa.

¡Zambúllete!

Algunos paseos en bote pueden permitirte nadar en las aguas fuera del parque. Hay plantas bajo la superficie que no se ven desde el bote. Solo asegúrate de no nadar dentro del parque. ¡Los caimanes allí no son buenos compañeros!

Un caimán nada en el parque nacional Everglades.

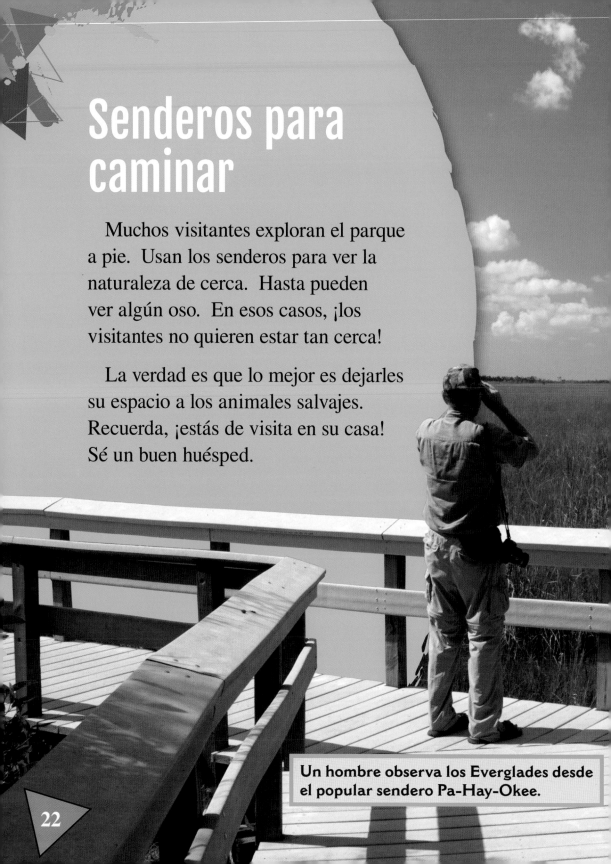

Senderos para caminar

Muchos visitantes exploran el parque a pie. Usan los senderos para ver la naturaleza de cerca. Hasta pueden ver algún oso. En esos casos, ¡los visitantes no quieren estar tan cerca!

La verdad es que lo mejor es dejarles su espacio a los animales salvajes. Recuerda, ¡estás de visita en su casa! Sé un buen huésped.

Un hombre observa los Everglades desde el popular sendero Pa-Hay-Okee.

Un ciclista permanece lejos de un caimán de los Everglades.

EXPLOREMOS LAS MATEMÁTICAS

En una visita de tres días a los Everglades, ves 86 animales. Ves más animales el primer día que el segundo o el tercer día. ¿Cuántos animales podrías haber visto cada día?

Si planeas hacer senderismo, asegúrate de llevar zapatos adecuados. Los senderos pueden ser largos y lodosos. ¡Pero debes caminar por ellos! Si sales de los senderos puedes dañar las plantas y los animales. Los Everglades han estado allí por mucho tiempo, pero es un lugar **frágil**. Depende de nosotros proteger y conservar el parque para el futuro.

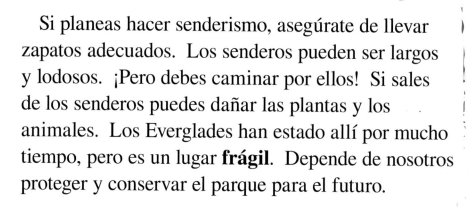

Un hombre camina por un sendero en los Everglades.

El trabajo de este guardabosque es conservar el parque.

Imagina que algunos visitantes van en bicicletas por un sendero. Luego, se suman más ciclistas. Ahora hay 27 ciclistas. ¿Cuántos ciclistas podría haber habido en el sendero al comienzo? ¿Podría haber habido solo 2 ciclistas al comienzo? ¿Por qué piensas que es así?

Un mundo que no olvidarás

Sin importar cómo veas el parque, no lo olvidarás. No se parece a ningún otro lugar del mundo. Observa las vistas. Escucha los sonidos. La tierra y el agua forman escenarios naturales sorprendentes. La fauna te rodea. Toma una foto mental. Querrás recordar este lugar para siempre.

Una garza toca el agua mientras se pone el sol en los Everglades.

⚙️ Resolución de problemas

Tu familia está visitando el parque nacional Everglades. Tú y tu hermana están emocionados por ver algunos de los 360 tipos de aves en el parque. Durante tu visita, llevas un control de las aves que ves. Usa la tabla para responder las preguntas.

1. ¿Cuántos flamencos y cigüeñas viste?

2. ¿Cuántos cucos y espátulas viste?

3. ¿Cuántas cigüeñas y espátulas vio tu hermana?

4. ¿Quién vio más aves, tú o tu hermana?

5. ¿Qué tipo de ave se vio con más frecuencia?

6. ¿Qué tipo de ave se vio con menos frecuencia?

Tipo de ave	Cantidad que ves tú	Cantidad que ve tu hermana
cuco	18	13
flamenco	23	15
cigüeña	22	31
espátula	19	19

cuco

espátula

Glosario

canales: ríos u otros cauces de agua por los que pueden navegar los botes

conservar: proteger y mantener algo a salvo para el futuro

desarrollarse: crecer muy bien

fauna: animales que viven en la naturaleza

frágil: que se daña o rompe fácilmente

hábitats: lugares donde viven los seres vivos

hidrodeslizador: un bote de fondo plano impulsado por una hélice

hocico: la parte de la cara que sobresale en algunos animales

mamíferos: animales de sangre caliente que alimentan a sus crías con leche y que están, por lo general, cubiertos de pelo o piel

reptiles: animales de sangre fría que ponen huevos y que están, por lo general, cubiertos de partes duras o escamas

único: que no se parece a nada

Índice

Soluciones

Exploremos las matemáticas

página 7:

1. 17 tántalos americanos y libélulas

2. 10 ratas almizcleras, ranas y cocodrilos

3. 27 animales

página 15:

1. 15 in

2. 23 in

3. 2 in

página 23:

Las respuestas variarán pero deberían tener un total de 86 animales.

página 25:

Las respuestas variarán pero deberían tener un total de 27 ciclistas. Podría haber habido solo dos ciclistas, porque 2 + 25 = 27.

Resolución de problemas

1. 45 flamencos y cigüeñas

2. 37 cucos y espátulas

3. 50 cigüeñas y espátulas

4. Yo vi más aves. Yo vi 82 aves y mi hermana vio 78 aves.

5. la cigüeña, que se vio 53 veces

6. el cuco, que se vio 31 veces